Eugen Auer
Ein Appenzeller namens…

Eugen Auer

Ein Appenzeller namens… Band 2

Illustriert von Hansjörg Rekade

Appenzeller Verlag

1. Auflage, 2008
2. Auflage, 2009

© by Appenzeller Verlag, CH-9101 Herisau

Alle Rechte der Verbreitung, auch durch Film, Radio und Fernsehen, fotomechanische Wiedergabe, Tonträger, elektronische Datenträger und auszugsweisen Nachdruck sind vorbehalten.

Satz und Druck
Appenzeller Druckerei, Herisau

Bindearbeiten
Schumacher AG, Schmitten

ISBN 978-3-85882-474-5

www.appenzellerverlag.ch

Vorwort

Seit Anfang 2001 erscheinen in der Appenzeller Zeitung unter der Rubrik «Freispiel» Eugen Auers Texte, die der Autor nicht als Gedichte, sondern als gereimte Glossen verstanden haben will. Eugen Auer kommentiert in seinen Zeilen aktuelle Ereignisse aus Politik, Kultur und Gesellschaft mit dem den Appenzellern eigenen feinen, versteckten Spott – geistreich und witzig.

Eine erste Sammlung dieser «Freispiele» ist im Jahr 2003 unter dem Titel «Ein Appenzeller namens…» erschienen. Die erste Auflage war schnell vergriffen und dasselbe Schicksal ereilte auch den Nachdruck. Anstatt nun eine dritte Auflage in Druck zu geben, entschied sich der Verlag für die Herausgabe des Folgewerks «Ein Appenzeller namens… Band 2». Darin versammelt Eugen Auer eine Auslese seiner Glossen, die im Zeitraum zwischen Ende 2003 und Ende 2007 in der Appenzeller Zeitung und im St. Galler Tagblatt erschienen sind. Wie bereits im ersten Band, hat auch im zweiten Band Hansjörg Rekade die Glossen treffend illustriert.

Appenzeller Verlag

Ein Appenzeller namens Bleiker
war ein beherzter Mountainbiker.
Er raste downhill oder cross,
bis er sich eines Tags entschloss,
per Bike zum Nordpol zu gelangen.
Ihm schien, für dieses Unterfangen
bedürfe es der Raupenketten,
die Tiefschneegripps und Stahlspikes hätten,
dann fahre man im Packeis ringer.
Er konstruierte solche Dinger,
probierte sie am Fälensee
und sagte seiner Frau Adee.
In Grönland war es ziemlich kalt.
Es gab dort manchen Gletscherspalt
und Gegenwind aus Richtung Pol.
Dem Radler war es nicht so wohl,
ein Natelanruf kam zwar noch,
doch polwärts herrscht ein Handyloch,
und Bleiker ging alsbald verloren.
«Ein Appenzeller tiefgefroren?»,
so hiess beim Blick die Titelzeile.
Im EDA ward in aller Eile
die Taskforce «Eisbär» einberufen.
Man flog zum Pol per Jet mit Kufen
und sah aus Grönlands Gletscher-Zinken
den Bleiker vor dem Iglu winken.
Nun war die Freude aber gross,
und der Empfang am Gate famos.
Ein Chlausenschuppel war dabei,
vom Bundesrat Frau Calmy-Rey
sie lachte, gab dem Held ein Bussi
und sprach: «La Suisse s'est fait des soucies».
Am Abend war im Zehn vor Zehn
Frau Bleikers Makramee zu sehn
und unser Halbkanton im Fön.
So schön!

Ein Appenzeller namens Koch
vom obern Mölistaudenloch
war Sägerei- und Waldarbeiter
und von Gemüt nicht eben heiter.
Im Gegenteil, er war verdrossen.
Durch seinen schweren Schädel flossen
Gedanken, die oft ziemlich kraus,
er war für «Asylanten raus»,
genoss vom Schweinefleisch das Fett
und surfte nachts durchs Internet.
Dort wurde wärmstens ihm empfohlen,
sich eine liebe Frau zu holen
und als Gemahlin anzutrauen.
Er sah sich Bilder an von Frauen
aus allen Ecken dieser Erde,
vom Kaukasus bis zum Kap Verde.
Ein Mädchen aus den Rifkabylen
gefiel ihm, doch sie schien zu schielen.
Bei einer Schwarzen aus dem Tschad
war zwar der Augenwinkel grad,
doch grauste Koch vor Kruselhaaren.
Am besten waren die Tartaren,
und deshalb wählte Koch per Maus
die Krimtartarin Swetla aus.
Als er nach einem halben Jahr
in Oerlikon beim Makler war,
um seine Ehefrau zu fassen,
gab er trotz Handschweiss sich gelassen,
doch Swetla war noch fast ein Kind,
und scheu, wie die Tartaren sind.

Sie wirkte keineswegs barbarisch,
doch sprach sie leider nur tartarisch,
weshalb man denn beharrlich schwieg,
bis man zur Mölistauden stieg,
um dort fortan als Paar zu hausen.
Doch Swetla hatte ihre Flausen.
Meist sass sie still am Mölifluss,
verweigerte den Fleischgenuss
und konnte selbst nach sieben Wochen
nicht einmal Biftegg Tartar kochen.
So musste Koch die Frau halt eben
retour geben.

Der Appenzeller Päuli Roth
schlug seine Zeit im Zeughaus tot.
Dort war es Päuli aufgetragen,
die Kittel mit und ohne Kragen
in hohe Beigen einzufügen.
Das klingt banal, doch kann es trügen,
denn es kommt vor, dass sich die Beigen
im Lauf der Jahre seitwärts neigen,
was dann die Lust am Job vergällt.
Trotzdem war Päuli aufgestellt,
wenn er am Stamm sein Helles trank,
denn die Pension kam Gott sei Dank
dereinst für ihn und Gret vom Bunde,
und hiess es in der Stammtischrunde,
von Blick-Artikeln aufgeschreckt,
das BVG sei nicht gedeckt,
und alle Renten müssten sinken,
so liess er seine Augen blinken
und sprach, die Kasse hat beim Bund
schon lange einen Deckungsschwund,
und beide Räte tun erbost,
doch greifen wir beim Bund getrost,
um unsere Deckung zu erneuern,
in die Steuern.

Der Appenzeller Paul A. Bader
war bei der besten Bank im Kader.
Honorig, gross und schwergewichtet,
politisch eher rechts gerichtet,
mit klarer EU-Gegnerschaft
war er als Mann so recht im Saft
und galt in seinem Dorf als mächtig.
Gehalt und Bonus waren prächtig,
doch musste er auch etwas bieten,
denn Banken dulden keine Nieten,
und oft sah man ihn nächtelang
am Pult, wo er mit Akten rang
zum Thema Bürgen oder Borgen.
Nicht so jedoch am Samstagmorgen.
Dann fährt Herr Bader mit der Frau
per BMW von Herisau
nach Konstanz, um dort einzukaufen.
Man sieht ihn durch Regale laufen
und nach Aktionen Ausschau halten.
Es geht ihm nicht ums Rappenspalten,
doch angesichts der deutschen Preise
scheint ihm, es lohne sich die Reise,
vor allem bei dem starken Franken.
Man pflegt auch Diesel aufzutanken,
um dann nach Hause zu chauffieren.
Gelegentlich kann es passieren,
dass man im Stress etwas vergisst
und dann daheim das Salz vermisst,
vielleicht auch ein Stück Ampferwurz.
Dann sagt sich Paul, ich laufe kurz
zu Köbis Laden um die Ecke
und diene einem guten Zwecke,
denn Köbis Existenz ist hart,
so helfe ich auf meine Art,
damit nicht noch ein Laden sterbe,
dem Gewerbe.

Der Appenzeller Röbi Schefer
war nicht gescheit, doch war er clever.
Sein Schulsack war bedenklich leicht,
es hatte nicht zur Sek gereicht,
jedoch dank seines Körperbaus
sah er gesund und stattlich aus,
verströmte Hugo-Boss-Gerüche
und klopfte unbekümmert Sprüche.
Was wird aus Röbi, sprach der Vater,
wir brauchen den Berufsberater.
Derselbe war ein kluger Mann,
er sah sich diesen Jüngling an
und fand, das wird ein Plättlilegger;
dann sah er Arnold Schwarzenegger
ganz plötzlich vor dem innern Blick
und sagte: Mach doch Politik,
denn Du bist jung und aufgeweckt,
das bringt heut mehr als Intellekt.
Damit Dich breite Schichten wählen,
musst Du erst deine Muskeln stählen,
recht fleissig Bodybuilding treiben,
und Gel in Deine Haare reiben,
dann schmilzt das Stimmvolk weg wie Butter.
Du solltest auch wie Jasmin Hutter
recht oft in der Arena sitzen,
und pflegt Dein Geist dort nicht zu blitzen,
dann spreche simpel aber stramm,
denn so ist Dein Parteiprogramm.
Als Röbi vierundzwanzig war,
nahm er – und zwar mit Gel im Haar –
auf einer kleinen Rechtsrutsch-Welle
in Bern die Nationalratsschwelle.
Dort sitzt er seither aufgestellt,
wobei er sich ans Motto hält:
Der liebe Gott gibt seinen Räten,
nebst Spesengeldern und Diäten,
für ihren Dienst am Vaterland
auch Verstand.

Der Appenzeller Heiri Kern
war dieser Tage kurz in Bern
und kam auch vor das Bundeshaus.
Der Bundesplatz sah prächtig aus,
schön sauber mit Granit belegt,
die Luft im Tropfenglanz bewegt
von Wassersäulen hoch aufsteigend
und perlend sich nach unten neigend.
Es hiess, die bunte Wasserzone
sei ein Symbol für die Kantone.
Für jeden solle hier ein Strahl
just sechsundzwanzig an der Zahl,
mit Macht zur Bundeskuppel schiessen.
Doch Kern schien etwas zu verdriessen:
Fünf Düsen spritzten leider nicht.
Kern, welcher stets darauf erpicht,
erkannte Mängel auch zu rügen,
verstopfte Düsen können trügen,
sprach einen Bundesweibel an,
und dieser sagte: Guter Mann,
wir schliessen neuerdings die Hähnen,
zu jenen fünf Kantonsfontänen,
für die kein Beitrag eingegangen.
Der Heiri sprach mit leisem Bangen,
wie steht es um die Appenzeller?
Darauf der Weibel: nicht ein Heller.
Da musste sich der Heiri grämen
und auch schämen.

Der Rohner Paul aus Herisau
sah immer nach der Tagesschau
gespannt der Meteo entgegen,
denn daran war ihm viel gelegen.
Schon bei der Vögeli-Reklame
durchströmte eine wundersame
heiss-kalte Wallung seine Seele.
Die Hände feucht, beklemmt die Kehle,
und schwankend zwischen Wohl und Weh
ersehnte er die Wetterfee,
denn man muss wissen, Päuli Rohner
war sehr verliebt in Sandra Boner.
Schon kam das Zürcher Hochhausdach,
und Päulis Kniee wurden schwach.
Stand vor dem Pult an Knopf und Hebel
Herr Bucheli im Abendnebel,
so machte Paul den Kasten aus.
Stand krausgelockt im Sturmgebraus
Herr Rubli vor der Wettertafel,
sprach Paul, welch trauriges Geschwafel
und holte sich ein zweites Bier.
Doch wenn im Meteo-Revier
vom Wind verweht Frau Boner stand,
mit Blick auf Stadt und Alpenrand,
vielleicht sogar in einem Schüppli,
dann holte Rohner sich ein Cüpli.
Nun wirkt am Bildschirm ein Idol
stets sublimiert, wenn nicht gar hohl,
und deshalb fasste Paul den Plan,
von Herisau per Eisenbahn
zum Fernsehstudio zu gehen,
um seine Sandra live zu sehen.
Mit Blumen stand er vor dem Haus,
doch kam sie einfach nicht heraus.

Als er schon mit dem Schicksal schmollte
und tief enttäuscht nach Hause wollte,
da öffnete sich weit ein Tor,
und siehe da, wer trat hervor:
Kurt Felix war's, der vor ihm stand,
mit einem Bambi in der Hand.
Der grüsste freundlich wenn auch knapp,
nahm Paul die roten Rosen ab,
griff unter seiner Mantelstola
nach einer CD von Paola
und gab sie dem verdutzten Paul.
Wie weiland ward der Paul zum Saul,
beschloss, die Sandra auszubooten,
und trank er abends seinen Roten,
so sang Paola ihm dazu
Blue Bayou.

Der Appenzeller Godi Zoller
war punkto Fitness ganz ein Toller.
Sein Muskelstrang war hart und prall
am Bein, am Bauch und überall,
und ausgeprägt gar auch am Po
dank einem Kieser-Studio,
wo er Gewichte zog an Rollen,
bis ihm am Arm die Mäuse quollen,
und wo er sich mit Hanteln quälte,
weil solches Tun den Körper stählte.
Beim Tennis schlug er harte Asse,
und zeigte damit seine Klasse,
sogar zu Hause übte Zoller
mit einem Bauch- und Nackenroller
auf seinem Gummischaum-Maträtzli.
Wenn aber Godis Garage-Plätzli
im Winter sich mit Schnee bedeckte
und Trudi ihn zum Schaufeln weckte,
so zeigte Godi an den Kopf,
ging stolz zu seinem Gartenschopf,
wo eine Riesenschleuder stand.
Man macht doch solches nicht von Hand,
sprach er, schon heulte der Motor,
ein Pülverchen quoll aus dem Rohr,
und unser Sportler räumte wädli
zwei Mädli.

Der Appenzeller Walter Klee
war Halter eines BMW,
und davon abgesehn war Walter
ein passionierter Hundehalter.
Wie jedes Jahr erhob auch heuer
der Staat für beides eine Steuer.
Die Autosteuer kam aus Trogen
mit Zahlungsschein ins Haus geflogen,
und Walter zahlte mit der Post;
sie schien ihm trotz dem teuren Most
nicht billig, aber moderat.
Das Hundesteuerinserat,
womit dem Volke kundgemacht,
wer es zu einem Hund gebracht,
sei auf die Polizei bestellt,
um daselbst pünktlich das Entgelt
für seinen Köter hinzublättern,
war zwar in leidlich grossen Lettern
im Amtsblatt publiziert gewesen,
doch hatte Klee es überlesen,
weshalb er einen Brief bekam,
dem er nicht ohne Groll entnahm,
die Zahlungsfrist sei längst vorbei,
drum mahne ihn die Polizei,
letztmals zum Vorspruch auf den Posten,
sonst gebe es dann Zusatzkosten.
Ganz klar, dass Klee zum Posten eilte,
wo aber leider niemand weilte.
Klee ging deshalb ein zweites Mal
und traf auf einen Korporal,
der machte sich in Wehr und Waffen
an einer Hundskartei zu schaffen
und zog die Hundesteuer ein.
Klee dachte bei sich, muss das sein?
Es schien ihm, dass die Polizei
doch dafür ausgebildet sei,
dass sie auf Recht und Ordnung wache,
weshalb es besser sei, sie mache,
statt uns mit Steuern anzugurken,
Jagd auf Schurken.

Der Appenzeller Hansli Kast
vergitzelte vor Gwunder fast,
was wohl das Christkind bringen werde.
Gut, dass es auf dem Flug zur Erde
des Nachts zu Hanslis Fenster schwebte,
wo ein Geschenklizettel klebte,
und wo schon früh am nächsten Tag
statt diesem Blatt ein Goldhaar lag.
Dann durfte Hansli fernsehschauen
und konnte kaum den Augen trauen:
Kein Engel brachte hier die Päckli,
ein Schlitten kam mit roten Säckli
am Weihnachtstag durchs Land geflogen,
von Rudolf, einem Elch gezogen.
Hans ging zum Imre Ivkowic,
der sprach, das mit dem Elch sei Kitsch,
der Krampus bringe Päckli heim.
Dem ging der Hans nicht auf den Leim
und lief zu Nachbar Lindströms Wenke.
«Lucia bringt uns die Geschenke»,
erklärte diese klipp und klar.
Hans rief verwirrt, was ist nun wahr?
Da sprach die weise Tante Pia,
Christkindlein, Krampus, Elch, Lucia,
die kommen neuerdings zu viert,
globalisiert.

Der Appenzeller Joseph Streuli
besass nebst Hühnern, Hund und Säuli,
ein Kalb, fünf Galtig und zwölf Kühe,
und hatte seine liebe Mühe,
denn leider war sein Pachtland knapp,
der Milchpreis nahm seit Jahren ab,
und die Erträge waren mager.
Da sprach ein ETH Ing. agr.
im Landverband als Referent,
wer sein Produktesortiment
nicht kreativ gestalten wolle,
der nehme Abschied von der Scholle.
Der Hof von Sepp lag an der Glatt,
wo es ein flaches Börtli hat
und in der Erde reichlich Sand,
weshalb ein Fachexperte fand,
der Boden sei im grossen Ganzen
geeignet für das Spargelpflanzen.
Gesagt, getan, schon ward gesät,
der Lohn der Kreativität
schien nach drei Jahren erstmals fällig.
Nervös und fast schon überstellig
sah Streuli seinem Erntesegen
zur dritten Winterszeit entgegen.
Was ihn jedoch im März erschreckte,
als noch der Schnee das Feld bedeckte:
Beim Migros lag auf den Gestellen
ein Spargelberg aus den Seychellen,
der Denner war auch bald dabei
mit Spargeln frisch aus der Transkei,
beim Spaar gab es zu Ostern schon
die weissen aus dem Libanon,
und all dies wohlfeil angeboten,
weil ausgebuddelt von Exoten.

Im Juli reiften nach und nach
die Spargeln, welche Streuli stach
und dem Gemüsehändler brachte.
Der sah den Seppli an und lachte
und sprach, um etwas zu verdienen,
benötige er Mandarinen,
das Trendige sei das Gefragte,
und meinte, als der Sepp ihm sagte,
die Spargeln seien weich wie Butter,
Sauenfutter.

Der Appenzeller Holenstein
besass ein kleines Töchterlein,
das in der zweiten Klasse war.
Ab heut sei sie ein Shootingstar,
erzählte Trix beim Essen cool,
sie gumpe jetzt im Hallenpool
vom Böckli in den Gummireifen
und könne unter Wasser diven,
mit beiden Nasenlöchern down,
bis an den roten Swimming-Zaun.
Da fragte Holenstein das Trixli,
woher sein tolles Badenixli
die schicken Englischwörter hätte.
Das kommt halt davon, dass ich chatte,
erklärte Trix und fügte bei,
dass sie in einer Taskforce sei,
die mache mit Herrn Lehrer Stamm
das Ostereier-Paint-Programm
und tütschle Eier, Gupf auf Spitz,
in Workshops à je sieben Kids.
Da sagte Holenstein, potz Tonder,
die Schule wecke seinen Gwonder,
da gäbe es bigoscht viel Gfreuts,
der Lehrer habe Sprotz und Speuz,
worauf die Trix ihn fragend mass:
was ist das?

Der Innerrhoder Carlo Schmid,
der sonst die Äussern Rhoden mied,
sprach jüngst in amtlicher Funktion
durchs nagelneue Mikrophon
dem hiesigen Kantonsrat vor.
Derselbe sah zu ihm empor
und hörte Worte, die ihn rührten.
Es hiess, die Innerrhoder spürten
nun plötzlich doch Gemeinsamkeiten,
es lebe ja auf beiden Seiten,
in jedem Appenzeller Busen,
das Zauren, Ratzen und Rugguusen.
Dem Innern Land sei's dran gelegen,
derart Gemeinsames zu pflegen
und Trennendes zu überwinden
und Ausserrhoden einzubinden
ins Zentrum für Musik in Gonten,
es gebe dafür Spendenkonten
bei Post und Appenzeller Bank.
Der Präsident des Rats sprach Dank
und die Regierung Hunderttausend,
und der Kantonsrat klatschte brausend.
Den schönen Anlass untermalte
Herr Köbi Freund, der freundlich strahlte
und Hackbrett spielte polyphonisch.
Wie harmonisch!

Der Appenzeller Peter Iten,
der hatte Kinder, die sich stritten.
Sie stritten sozusagen täglich
und waren samstags nur erträglich,
wenn ihnen Iten etwas bot,
drum pflegte er in seiner Not
mit seiner Frau und allen vieren
in Richtung Abtwil zu chauffieren,
wo sich der Säntispark befand,
denn dies ist ein Erlebnisland.
Erst kaufte Iten Fussballbilder,
das stimmte seine Kinder milder,
und weil der Milderungseffekt
verstärkt wird, wenn man etwas schleckt,
gab's zudem einen Glacestengel,
dann schickte Iten seine Bengel,
die mittlerweile friedlich lutschten,
ins Bad, wo sie ins Wasser rutschten.
Das ging zwar ziemlich in die Kosten,
doch hatten Itens Zeit fürs Posten
und einen Apéro zu zweit.
Sie trafen sich zur Mittagszeit
vor dem McDonald's mit den Jungen,
es wurden Happy Meals verschlungen,
mit einer Mulan-CD-Rom
ging man darauf zum Cinedome,
die Kleinen sahen Mickey Mouse,
die Grösseren Das Gruselhaus
und Itens einen Roger Moore.
Man fuhr dann gegen siebzehn Uhr
am Marktplatz in der Stadt vorbei,
weil dort die Händler allerlei
an Obst zu reduziertem Preise
verschleudern und zwar gitterweise.

Das Zentrum war bedenklich leer,
das störte Peter Iten sehr.
Er sprach zur Frau, das sei ja schitter,
nur leere Läden selbst beim Schwyter,
er frage sich, wo sind denn heute
alle Leute?

Der Appenzeller Walter Lendi
war Landwirt in der Speicherschwendi.
Er hatte gegen sechzig Aren
und konnte während vielen Jahren
dank Subvention vom Boden leben.
Als er, um Bargeld abzuheben,
am Bankomat der CS stand
mit seinem Fritzli an der Hand,
da wollte Fritzli von ihm wissen,
ob Bankbeamte Noten schissen.
Die hätten bald das Füdli wund,
das Notenpäckli kommt vom Bund,
sprach Lendi, denn der Bund muss blechen,
je nach der Grösse unsrer Flächen.
Das Land, wo Walter Lendi wohnt,
ward wenig später eingezont,
von Lendi mehrfach parzelliert,
der Handel lief wie frisch geschmiert,
und Lendi hatte Geld im Sack.
Musst Du nun diesen Nötlipack
dem Bunde wieder retour bringen,
frug Fritz, als sie zur CS gingen,
darauf der Alte streng zum Fritz:
Machsch en Witz?

Ein Appenzeller namens Glättli
las jüngst in seinem Zeitungsblättli
die zweite Seite «Hintergrund».
Daselbst tat ein Professor kund,
wenn einer kräftig Schulden mache,
so sei das eine gute Sache.
Man unterstütze den Konsum,
das gebe einen neuen Boom,
der die verhockte Wirtschaft schmiere,
die darauf wieder investiere
und alsbald schwarze Zahlen schreibe,
wovon ein Teil beim Staat verbleibe,
der schliesslich seine Steuern senke,
und was der Staat dem Bürger schenke,
das werde diesem sicher reichen,
um seine Schulden auszugleichen.
Der Glättli fand, das sei famos,
lief gleich nach der Lektüre los
für Kleinkredite bei den Banken
und brauchte die gepumpten Franken,
um einen Honda zu bestellen
sowie zum Golf auf den Seychellen
und Wellenreiten in Hawaii.
Dies Tun bewirkte allerlei.
Ein Umschwung schien sich anzuzeigen,
das liess sogleich die Zinsen steigen,
die man betrieb von Bankenseite
bis hin zur Pfändung und zur Pleite.
So kam der Glättli auf den Hund,
und das Fiskalgeschenk vom Bund,
traf leider niemals bei ihm ein.
So gemein.

Der Appenzeller Gottfried Streiff
war heuer richtig ferienreif.
Er sehnte sich, vom Job ermattet,
nach einem Sandstrand, palmbeschattet,
und ging ins Netz zum Schnäppchensuchen.
Hier gab es mancherlei zu buchen:
zwei Billigwochen Lanzarote,
den Loirekanal in einem Boote,
Erlebnisclubs in Benidorm,
kurzum die Auswahl war enorm.
Fast wählte Göpf ein Südseeriff,
da wies ein LINK ihn auf ein Schiff,
wo Real Life zu haben sei,
es seien dort noch Plätze frei.
Göpf sah im Geist das weite Meer,
nichts als das Wasser um sich her,
vernahm den Sturmwind in den Trossen,
erwarb ein Ticket kurzentschlossen
und stieg in Barcelona ein,
doch war er damit nicht allein.
Es standen mit ihm auf dem Piere
dreitausend frohe Passagiere,
nebst einer Crew von fünfzehnhundert.
Streiff fand auf seinem Schiff verwundert
zehn Restaurants und sieben Kinos,
sechs Bars, drei Nachtclubs, zwei Casinos,
vier Pools und eine Einkaufsstrasse.
Die Speisung sprengte alle Masse.
Man durfte sich zum Buffet drängen
und holte dort in grossen Mengen
das feinste im Vierstundentakt.
Die Tage waren vollgepackt
mit einer Vielzahl von Programmen,
man turnte, tanzte, sang zusammen.

Nur einmal kam man auf das Deck,
ein Fisch schwamm nämlich um das Heck,
und ein Matrose, der das sah,
war flugs mit einem Fisch-Quiz da.
Am Schluss der Fahrt war Göpf total
erledigt, ausgepumpt und fahl
und trotz zwei Wochen Real Life
ferienreif.

Der Appenzeller Josef Klee
vermisste dieses Jahr den Schnee.
Als er am letzten Wochenende
durch nebelwallendes Gelände
hinauf zur lichten Höhe steisste,
da glimmte, glitzerte und gleisste
es zwar von Chromstahl, Lack und Glas,
und weit verbreitete im Gras
ein Automeer sein helles Glänzen,
jedoch Frau Holle schien zu schwänzen.
Sepp sah mit Sehnsucht in die Alpen,
um darauf traurig heimzuschalpen.
Dort drückte er den TV-Knauf,
was tauchte auf dem Bildschirm auf:
das Bundeshaus von Schnee umgeben,
ein Skating-Läufer schwebte eben
auf schlanken Brettern übers Weiss,
und vor der Haustür stand Herr Deiss.
Klee rief dem Klärli, komm mein Schatz,
der Schnee liegt auf dem Bundesplatz!
Da sprach besonnen seine Frau,
sie wisse längstens und genau,
mit diesen Düsen, die dort seien,
da könne man im Winter schneien,
und fehle Schnee im Schweizerland,
betreibe Ogi dort von Hand,
zum Nutzen sämtlicher Kantone,
eine Schneekanone.

Ein Appenzeller, Hans genannt,
gebildet, klug und tolerant,
vertrat sein Volk im Ständerat,
wo er stets nur das Beste tat,
bis ihm beim Budget zur Kultur
Verdruss und Unmut widerfuhr.
Im Rat war dreimal zu entscheiden,
den Nationalfonds zu beschneiden.
Erst stimmte unser Appenzeller
gemeinsam mit dem Antragsteller
für die Bestrafung der Kultur,
doch kluge Leute sind nicht stur,
weshalb er eine Wende machte,
das Ganze nochmals überdachte
und gegen Kürzung Stellung nahm.
Als es zu Leserbriefen kam,
war Hans beim dritten Mal verwirrt.
Er dachte, hab ich mich geirrt,
soll man nun kürzen oder nicht,
wie wahre ich mir mein Gesicht?
Geplagt von dieser innern Spaltung,
entschied er sich für Stimmenthaltung.
Gut so, denkt selbst der Kritiker,
es gilt ja für Politiker
das Wort in ihrer Standesfibel:
Sei flexibel!

Der Appenzeller Heiri Kamm
erklärte jüngst am Mittwochstamm,
man habe ihn zwar nie gefragt,
doch habe er schon lang gesagt,
die Swiss sei bald einmal am Ende
und komme nun in fremde Hände.
Es seien seit der Ära Loepfe
im Management nur hohle Köpfe,
blauäugig für Konzernfinanzen
und ohne Sinn für Allianzen
geschweige denn für Soll und Haben.
Nun aber müsse man den Schwaben,
die nach dem Schweizerkreuze gieren,
energisch den Tarif diktieren,
damit sie nicht noch überborden.
Der Anflug komme nur von Norden,
das Drehkreuz müsse weiterhuben,
und von den deutschen Hurrlibuben
verlange er ab jetzt Gewinne.
Nach dieser Rede hielt er inne
und wollte zahlen, um zu gehn,
da fehlten ihm zwei Franken zehn.
Die Freunde liessen sich nicht lumpen.
Er konnte pumpen.

Der Appenzeller Brülisauer,
ein weit herum geschätzter Bauer,
war bodenständig, schlau und währschaft,
sein Land war wohlgepflegt und nährhaft,
denn er vertraute der Natur,
jedoch von Kunst und von Kultur,
schien er, vom Brauchtum abgesehen,
nicht allzu vieles zu verstehen,
weshalb er auch im Gasthaus Lamm
am letzten Freitagabendstamm,
als man auf den Kulturfonds kam,
lautstark dagegen Stellung nahm.
Der Gastwirt hörte diese Kunde
und sprach bedacht zur Stammtischrunde,
man fasse scheint's in unsrer Zeit
den Kunstbegriff erstaunlich weit,
er wolle es zwar nicht beschwören,
doch habe er jüngst sagen hören,
Kunstdünger sei in diesem Sinn
als Kunst auch im Kulturfonds drin,
so dass man ihn subventioniere.
Man trank dann noch zwei Locher-Biere,
sang gar der Rütibueben Zauer,
und darauf sagte Brülisauer,
allmählich dünke es ihn schier,
es sei mit Kunst wie mit dem Tier,
was beide etwa fallen liessen,
das lasse manches Gräslein spriessen,
für das er gern die Sense wetze,
weshalb er dem Kulturgesetze,
zum Wohl des Landes und der Scholle,
zustimmen wolle.

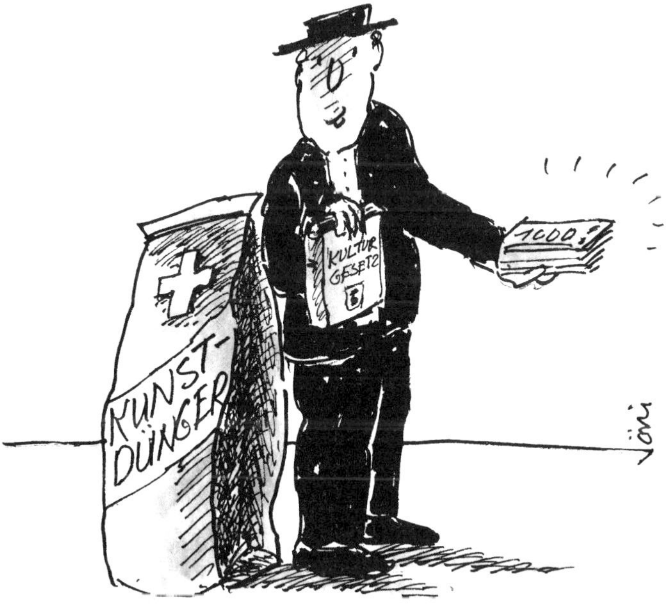
KUNST-
DÜNGER
KULTUR
GESETZ
1000.-
Jöni

Der Appenzeller Peter Klein
lud Gäste aus dem Ausland ein,
und weil ihm sehr daran gelegen,
Geselligkeit und Stil zu pflegen,
liess er, um edel zu dinieren,
in einem Tempel reservieren,
der sich mit Stern und Haube schmückte.
Man traf sich froh, der Auftritt glückte.
Es standen Blumen auf dem Tisch,
das Amuse-Bouche bestand aus Fisch,
zur Pasta trank man Amarone,
der Beaune zum Wild war auch nicht ohne.
Als man die Panna Cotta schöpfte
und eine Flasche Sauterne köpfte,
da äusserte ein Gast die Bitte,
dass man, wie es in Frankreich Sitte,
ein Krüglein Leitungswasser bringe.
Der Kellner sagte kühl, das ginge,
doch koste es vier Franken zehn.
Klein konnte das Erstaunen sehn,
das seine Gäste überkam,
er wurde rot vor Wut und Scham;
zwar gab er sich betont gelassen,
ja er versuchte gar zu spassen,
als er zwei Krüge kommen liess,
doch war die Stimmung plötzlich mies.
Man ging, und auf dem Weg nach Haus
sprach es ein Gast dann schliesslich aus,
man sei sich einmal mehr gewiss:
Point d'argent, point de Suisse.

Ein Appenzeller namens Neff
sah Samstagabend live aus Kiew
den Eurowettbewerb der Schlager.
Die Schweiz war diesmal kein Versager
und stiess bis in den Final vor,
jedoch es sang kein Schweizer Chor.
Dank einem Girliegruppenkauf
trat Estland für die Schweizer auf
und schaffte schliesslich den Rang acht.
Toll hat die Schweiz dies heut gemacht,
sprach Neff und rief gleich ganz spontan
in Kandersteg Herrn Ogi an
als Mann des Sports und sagte ihm,
man solle doch als Abfahrtsteam
die Mannschaft Österreichs engagieren,
dann müsse man sich nicht blamieren,
es gäbe wieder Spitzenränge,
manch «Trittst im Morgenrot» erklänge,
die Schweizerfahne würde wehn,
und auf dem Treppchen könnte stehn
für unser Land zur Siegesfeier
Hermann Maier.

Ein Appenzeller namens Fehr
erregte sich beim Frühstück sehr,
als er dem «Blick» erstaunt entnahm,
dass Marcel Ospel ohne Scham
als Lohn für seine Müh und Plag
aus seiner Bank pro Arbeitstag
rund hunderttausend Stutz beziehe.
Fehr zitterten vor Wut die Knie.
Ich rufe bei der Bank gleich an,
rief er, denn hier wird egoman
das Recht des Aktionärs verletzt.
Die Nummer war erst lang besetzt,
dann hörte Fehr ein Fräulein sagen,
er möge bitte nicht verzagen,
man sei schon bald für ihn bereit.
Darauf erklang geraume Zeit
ein Verdi-Opern-Potpourri.
Fehr kannte manche Melodie
und brummte sie im stillen mit.
Fast kam er etwas aus dem Tritt,
als plötzlich die Musik verstummte,
und eine süsse Stimme summte,
«Isch eisse Mary Angela
and bin for ihre Winsche da».
Nun wurde Fehr etwas verlegen.
Fällt in St. Gallen auch schon Regen?
sprach er, nur so um anzufangen.
In Bombay sei es sehr verhangen,
sprach sie, es komme ein Taifun,
man habe halt zurzeit Monsun.

Sind Sie in Bombay? fragte Fehr,
und schluckte erst ein paarmal leer,
um dann von Mary zu erfahren,
die Banken könnten Löhne sparen
mit Call-Zentralen fern im Osten,
Herr Ospel achte auf die Kosten,
ihr Stundenlohn sei dreizehn Cent.
Fehr fand es plötzlich evident,
dass Ospels Lohn berechtigt sei.
Er sprach, der Mann spart allerlei
an Kosten für das Personal,
dadurch rentiert mein Kapital,
das bringt Gewinn und mir am Ende
Dividende.

Der Appenzeller Friedrich Frey
war bei der Basler Polizei,
wo ihm an jedem Arbeitstag
die mühevolle Pflicht oblag,
für Ordnung im Verkehr zu sorgen.
An einem schönen Sommermorgen
ging er, um seines Amts zu walten
und Strassenrowdies auszuschalten,
mit seinem Radar aus dem Haus
und legte eine Falle aus,
jedoch es blieb in seinen Fängen
an diesem Tag kein Opfer hängen.
Er ging nach bussenlosen Stunden
vergnügt für ein paar Vesperrunden
in das Gebiet der Innenstadt,
worin es Parkingmeter hat,
doch nirgends sah er Überzeit,
kein Strassensünder weit und breit,
was Friedrich Frey so sehr behagte,
dass er zum Trudy abends sagte,
das sei ein guter Tag gewesen!
Es gab dann ein Levitenlesen
am andern Morgen auf dem Posten.
So komme man nicht auf die Kosten,
hiess es recht barsch vom Kommandant,
die Budgets seien ja bekannt,
er wolle keine leeren Taschen.
Nachdem man Frey den Kopf gewaschen,
kam er erst psychisch unter Stress,
doch dann in einen Lernprozess
mit dem Effekt, dass er sich heut
auf Raser freut.

Ein Appenzeller namens Schwab
war Sekretär im Kaderstab
der Sproll-Konzernabteilung Baar.
In seinem ersten Arbeitsjahr
verlegte man die Produktion
in einen Staat mit tiefem Lohn.
In Baar verblieb der Forschungstrakt.
Nachdem auch dieser abgezwackt,
schien Baar sich darauf zu beschränken,
die Sproll-Konzernfinanz zu lenken,
doch schob man nach zwei Jahren nur
den Fachbereich nach Singapur.
In Baar gab's noch die Steuergruppe.
Schwab diente dieser kleinen Truppe
als Sekretär wie bisher weiter.
Vor kurzem sprach der Büroleiter,
die Wanduhr scheine stillzustehen,
Schwab solle nach dem Rechten sehen.
Da sagte Schwab, das tät er gern,
doch habe man im Sproll-Konzern
die Uhren jüngst global vernetzt,
drum seien alle Uhren jetzt
nur noch in Frankfurt regelbar,
und seither steht die Zeit in Baar,
weil man in Frankfurt es so will,
leider still.

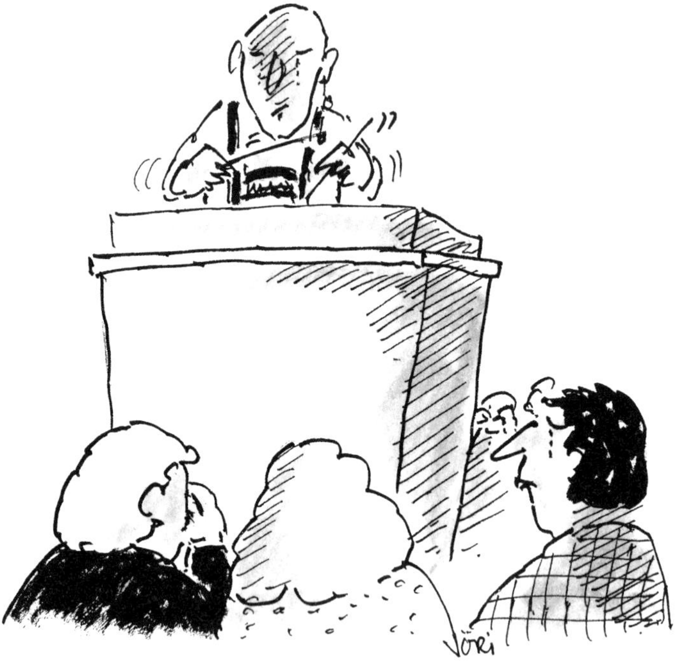

Ein Appenzeller namens Koller,
Bartholomäus heissen soll er,
und Bartli sei er hier genannt,
war ein begabter Musikant.
Sein Hackbrettspiel war virtuos.
War Samstagabend etwas los,
und machte gar der Bartli auf,
so kam die Menge stets zu Hauf.
Doch Bartlis Stärke war die Trauer!
Feinfühlig nahm er zarte Zauer,
galt es die Leichen zu beklagen,
die eingesargt im Kirchraum lagen.
Bereits beim ersten Saitentupfen
geriet das Kirchenvolk ins Schnupfen.
War dann die Trauerstimmung krass,
der Nasenlumpen allseits nass,
so dachte Bartli, Ende Jammer,
schlug kräftig in den Hackbretthammer,
in C-Dur, die er sonst vermied,
und nahm das Landsgemeindelied.
Die ganze Kirche stand nun auf,
man schneuzte sich, nahm neuen Schnauf
und sang zum Lobe Gottes mit.
Dann fasste jeder wieder Tritt
und schritt zum Leichenmahl davon.
So ward in unserem Kanton,
was einst am Tag des Volks erklang,
zum Grabgesang.

Der Appenzeller Bankmann Glaus
besass ein Häuschen nebenaus,
weil die Natur dort unversehrt,
doch jüngst war Unrast eingekehrt.
Man hatte Bauland eingezont,
wo – für die Gegend ungewohnt –
ein grosses Haus, ja fast ein Schloss
dem aufgebrochenen Grund entspross.
Im Carport waren zwei Ferrari,
ein Ehepaar, die Frau im Sari,
der Gatte bärtig doch gediegen,
war in der Villa abgestiegen.
Der Mann war bei der Bank bekannt,
man hatte sich für ihn verwandt
bis zum Regierungsrat hinauf
für einen glatteren Verlauf
der Prozedur zum Aufenthalt,
man kannte schliesslich den Gehalt
des neuen Depots bei der Bank.
Glaus wurde dann vor Ärger krank,
weil ihm die Galle aufwärts kam,
als er den Deal zur Kenntnis nahm,
den man für diesen neuen Kunden
beim Steueramt herausgeschunden.
Die sechzigtausend Stutz pauschal
entsprachen nicht einmal der Zahl,
die Glaus gemäss dem Steuerrechte
aufgrund des Lohnausweises blechte.
Hier wird mir Unrecht angetan,
sprach Glaus, und er begann fortan
den Fiskus und des Nachbars Prassen
sehr zu hassen.

Ein Appenzeller namens Roth
erachtete es als Gebot,
dass jeder Schweizer selbstbewusst
am ersten Tage im August
um seines Landes Geltung wisse
und eine Schweizerfahne hisse.
Jedoch wohin sein Auge schweifte,
als er durch seine Heimat streifte,
kaum eine Fahne liess sich blicken,
kein Herz schien schweizerisch zu ticken.
Mit Wehmut wandte sich sein Sinn
zu jenen WM-Tagen hin,
als unsere Tschutter Tore schossen
und alle Herzen überflossen
und durch die Lande Autos drehten,
aus denen Schweizerflaggen wehten.
Am Stammtisch sagte Roth, ihm scheine,
das Beste wäre, man vereine
den Fussballsport und die Nation,
indem der Bund ein Stadion
am Urnersee im Rütli baue
und dann auf dieser hehren Aue
den Nationaltag neu gestalte
und dort den Cupfinal abhalte.
Da könne man die Rechtsextremen
bequem in einen Sektor nehmen,
am Rednerpult im Kreuzgeflatter
Sepp Blatter.

Der Appenzeller Ruedi Rau
war mit dem Elsi, seiner Frau,
vergnügt zusammen schon seit Jahren,
doch hatte Elsi jüngst erfahren,
die Frauen sollten sich vernetzen,
den Männern endlich Grenzen setzen,
sich Selbstbewusstsein einverleiben
und Mentoring im Pool betreiben.
Nun nahm das Schicksal seinen Lauf,
die Frauenwerkstatt tat sich auf,
wo Ella, wie sie sich nun nannte,
die Quellen ihres Seins erkannte
und sehr gezielt ihr Ego stärkte.
Als Ruedi Rau allmählich merkte,
dass Els, die sonst zur Sanftmut neigte,
ihm plötzlich forsch die Stirne zeigte
und nichts als Widerworte bot,
entschied er sich in seiner Not,
ein Selfness-Center aufzusuchen,
Ressourcing für den Mann zu buchen
und Ego-Kurse zu belegen,
um Els effektvoll zu begegnen.
Nun wurde es zu Hause laut,
man sagte sich, was aufgestaut
vernehmlich meist und aggressiv.
Als nichts mehr mit der Liebe lief,
geriet die Ehe zur Tortur,
am Schluss blieb dann als Rettung nur,
weil man sich Fehler nicht verzieh:
Paartherapie

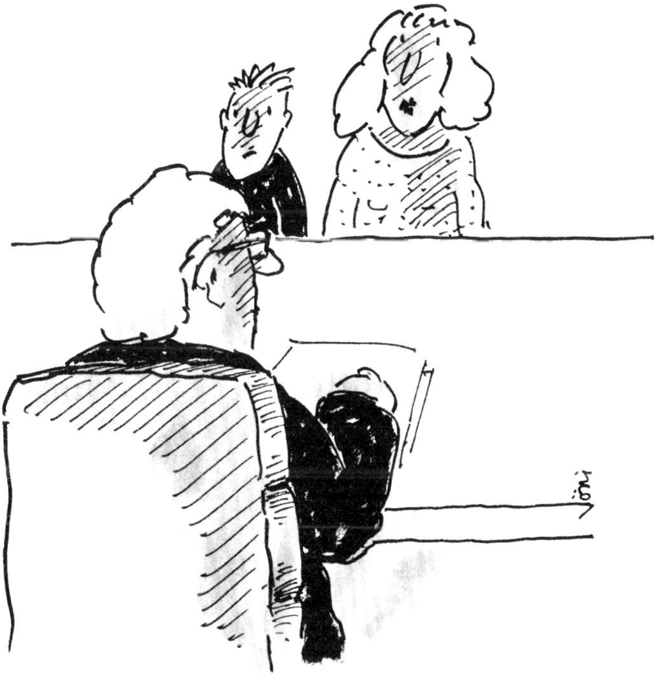

Ein Appenzeller namens Buff
war immer wieder richtig muff,
wenn er auf Auers Freispiel stiess.
Er nickte zwar, wenn's manchmal hiess,
dass Auers Glosse witzig sei,
doch störte ihn das Konterfei.
Da sass der Kerl mit grossen Ohren,
die waren ihm zwar angeboren,
und er vermochte nichts dafür,
doch fehlte Auer das Gespür
für jede Art von Anstandsregel.
Den rechten Fuss hob dieser Flegel
auf seinen Tisch ganz unverhohlen
und der Betrachter sah die Sohlen.
Welch Faustschlag ins Gesicht der Tugend,
welch schlimmes Beispiel für die Jugend,
sprach Buff und schrieb der Redaktion.
Als Auer die Kopie davon
des Abends in der Mailbox fand
und dann sein Staunen überwand,
schrieb er an Buff, dass man mitnichten
sich einfach setze an zu dichten.
Wenn er so recht satirisch schreibe,
so müsse er sich mit dem Leibe
ganz cool und provokant drapieren,
um seinen Geist zu stimulieren,
drum schreibe er am liebsten nackt,
die Reime kämen dann exakt,
und trage er den Lendenschurz,
so greife mancher Vers zu kurz.
Es habe leider nun die Leitung
der guten Appenzeller Zeitung
halt manchmal einfach ihre Mucken,
ein Nacktbild wolle sie nicht drucken.
Er meine drum, mit Dichtergruss,
von beiden Übeln sei der Fuss,
obwohl die Nacktaufnahme feiner,
sicher kleiner.

Ein Appenzeller namens Lipp
der wollte jüngst für seinen Trip
zu Kunden in das Land der Schwaben
vom Postscheckkonto Euro haben.
Die gelbe Karte mit dabei,
bat nach geraumer Warterei
er um zehn Noten à fünfhundert.
Frau Frei am Schalter war verwundert
und wünschte, dass der Lipp noch warte,
weil nun ein Geldwaschvorgang starte.
Sie nahm für diesen Notenkauf
zunächst die Personalien auf
und sprach: Woher sind Ihre Mittel?
Lipp nahm die Karte aus dem Kittel

und sprach, der Saldo reiche aus.
Die Dame fand, er weiche aus
und frug, woher die Gelder stammen.
Lipp schluckte, nahm sich dann zusammen
und sagte kurz, dass sei sein Lohn.
Die Dame nahm Notiz davon
und sprach, man komme nun zur Sache,
was Lipp mit diesen Euros mache?
Lipp gab zur Antwort: Warenkauf.
Frau Frei schrieb nun auch dieses auf
und reichte Lipp das Formular.
Lipp unterschrieb, der Text sei wahr,
worauf Frau Frei sich absentierte,
den Ausweis Lipps zweimal kopierte
und damit kurzerhand entschwand,
bis sie zurück zum Schalter fand,
wo sie für Lipp die Noten zählte.
Klar, dass den Lipp das Ganze quälte.
Das Formular, sprach er erregt,
wird nun vermutlich abgelegt,
und nach Verlauf von zwei, drei Jahren
mit vielen andern Formularen
auf einen Mikrofilm gebannt,
nach Bern in ein Archiv gesandt
und kommt dann in die Einstampftonnen.
So wird der Geldwaschkampf gewonnen!
Man fängt per Formular als Häscher
Geldwäscher.

Der Appenzeller Bischofberger
empfand seit Wochen nichts als Ärger
ob dem globalen Klimawandel.
Es war ihm klar, dass dieser Handel
mit Emissions-Zertifikaten
nach Plänen der Kyoto-Staaten
im Grunde keine Lösung bringe,
und dass es vielmehr darum ginge,
nun Taten an den Tag zu legen
und selber etwas zu bewegen.
Spontan griff er zum Telefone
zwecks Ankaufs einer Schneekanone.
Schon bald war die Maschine da,
der Strom kam von den SAK,
das Wasser aus dem Brunnenrohr,
und schon schoss weisser Schnee hervor.
Wenn andere des Winters harrten,
trat Bischofberger in den Garten,
sah Schnee auf seinen Rasen rinnen
und sprach, zu Hause muss beginnen,
was in dem Lande leuchten soll.
Jawoll.

Ein Appenzeller namens Schoch
fiel psychisch in ein tiefes Loch,
weil er nach EM-Tickets plangte,
doch solche einfach nicht erlangte.
Der Psychotherapeut sprach klug,
beim Ticket-Sale herrscht Lug und Trug,
und um dagegen aufzutreten,
muss man im Fifa-Tempel beten.
Schoch fuhr nach Zürich mit der Bahn,
stieg matt den Zürichberg hinan
und sah das Bauwerk übermächtig,
die Säle waren marmorprächtig,
Schoch wandte seinen Blick nach oben.
Blau, lapislazuli-durchwoben,
fing ihn das Licht im Festsaal ein.
Er trat in einen Andachtsschrein
aus Onyx – und ihn schauerte,
mein Gott – im Bet-Bank kauerte
Sepp Blatter, seines Amtes waltend
und eben eine Andacht haltend.
Schoch überwand des Herzens Beben,
er kniete schweigend sich daneben
und meditierte in der Stille,
wie es des Tempelherren Wille.
Zwar ohne Tickets aber stramm,
im Sack ein Blatter-Autogramm,
kam Schoch dann heim, die Brust geschwellt,
und aufgestellt.

Ein Appenzeller namens Wyss,
der hatte Zweifel wenn es hiess,
das Klima werde sich erwärmen,
doch als er jüngst daheim am Schermen
vor seinem Haus der Ruhe pflegte
und dies und das im Geist bewegte,
kam seine Anne mit der Zaine,
Wyss sah die Wäsche auf der Leine,
und augenblicklich war ihm klar,
dass hier ein Klimawandel war.
Am Wäscheseil der alten Josy,
die war dem Wyss sein selig Grosi,
da baumelten stets die famosen
schafwollendicken Unterhosen.
Bei Mutter hingen in der Kammer,
Calida-Schlüpfer an der Klammer.
Bei seiner Frau, der lieben Anne,
da hingen in der Badewanne
stets ein paar Slips aus feiner Seide,
und nun, gleichsam als Augenweide,
sah Wyss der Tochter Tangastring,
der an der Wäscheleine hing.
Wyss sprach, wenn's mit dem Klima geht,
wie es in den Prognosen steht,
so braucht dank wärmerer Natur
der Damenleib nur eine Schnur
und jener von den Mädeli
ein Fädeli.

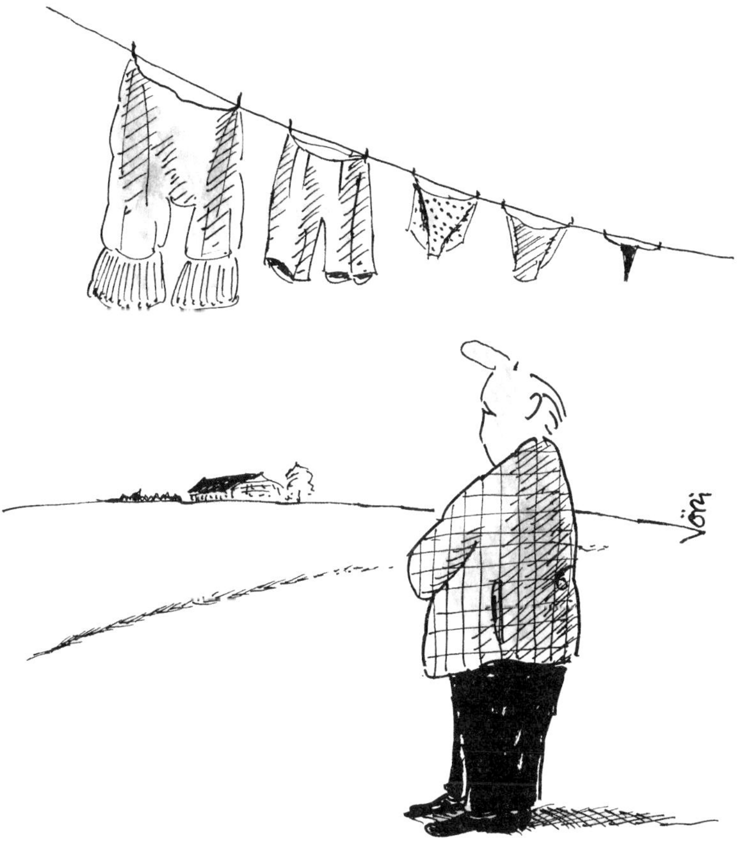
Vöri

Der Appenzeller Grolimund
war stolz auf Rex, den Schäferhund,
und hatte diesen mega gern,
doch weil die Politik in Bern
von Bundesamt bis Bundesrat
als Folge einer Pitbull-Tat
seit nun schon mehr als einem Jahr
den Hund als Schrecken und Gefahr
für Menschen sah, wenn auch latent,
und man sogar im Parlament
Motionen zum Verbot entwarf,
hielt man im Dorf den Rex für scharf
und Grolimund für sehr verdächtig.
Das plagte diesen derart mächtig,
dass er den Hund zum Tierarzt brachte,
der kurze Sache damit machte.
Als bald nach dieser schweren Tat
im Dorf ein Bürger und Soldat
per Sturmgewehr die Frau erschoss,
und man in Bern danach beschloss,
das Sturmgewehr in Bürgers Hand
sei wichtig für das Vaterland,
auch dürften trotz Familiendramen
die Schiessvereine nicht erlahmen,
tat Grolimund im Dorfe kund,
nach einem neuen grossen Hund
verspüre er nun doch Bedarf,
aber scharf.

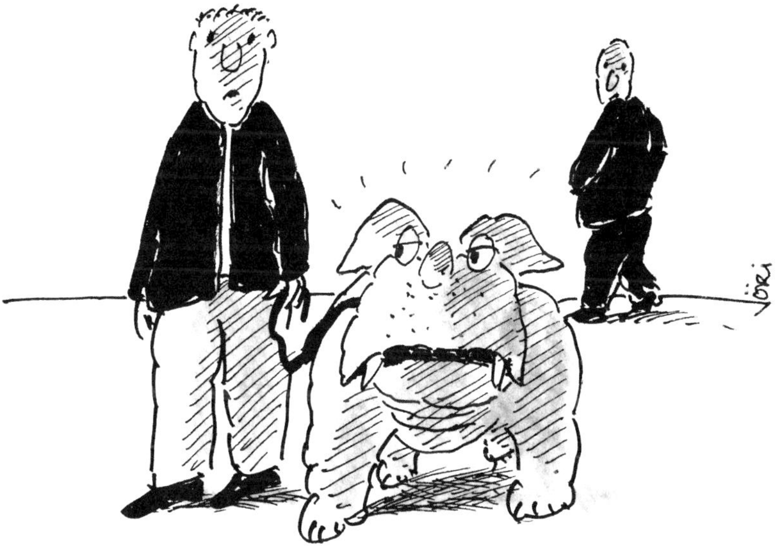
Jöri

Ein Appenzeller namens Fässler
ging weiland als Primarschulklässler
per Schiff aufs Rütli mit dem Lehrer
und schwärmte fortan als Verehrer
für das Gelände still am See,
genähret ewiglich vom Schnee,
wie es im Lied so trefflich heisst.
Wie oft war er dorthin gereist,
am Hemd das Erst-August-Abzeichen,
dem Vaterland die Hand zu reichen.
Doch heuer hörte er entsetzt,
die Feier werde abgesetzt,
denn nicht Kanton noch Bund bezahle
die Abwehr gegen Radikale.
Davon war Fässler tief betroffen.
Er konnte dann von neuem hoffen,
als die politisch höchsten Damen
den tellenhaften Mut bekamen,
zur Rütlifeier anzutreten
und allem Volk, das ungebeten
zum Festplatz aufzog, um zu motzen,
nach alter Schweizer Art zu trotzen.
Als Fässler dann im Tagblatt las,
ein Uhrenmann, der Geld besass,
der werde selbiges benützen,
um unser Wiegenfest zu schützen,
zum Wohl der heilen Rütliwelt,
da war er wieder aufgestellt.
Nur kurz ward er ein wenig saurer,
als er erfuhr, für Ueli Maurer
sei das Gestade nichts als Weide
mit dem, was eine Kuh ausscheide.
Als Demokrat der rechten Sorte
beschämten ihn des Uelis Worte.
Er sagte sich, das sei ein Totsch,
ging hin und kaufte eine Swatch.

Ein Appenzeller namens Gehrer
war mehr als dreissig Jahre Lehrer.
Die Vorbereitung war ihm Pflicht,
perfekt war stets sein Unterricht,
kurzum der Mann war pflichtbewusst,
doch mit den Jahren wuchs der Frust
ob seiner lasterhaften Flegel,
Lärm in der Klasse war die Regel,
man lachte über seine Strafen,
er konnte nachts schon kaum mehr schlafen,
und schliesslich trat ein Burn-out ein.
Nichts half ihm seines Arzts Latein,
er wurde hospitalisiert
und sass in einem Raum zu viert
mit andern, die das Leid verband,
in Wil und starrte an die Wand.
Noch las er wenigstens die Zeitung.
Jüngst kam ein Salzkorn, wo die Leitung
der Redaktion vom Burn-out sprach.
Es hiess, ein solches Ungemach
sei «bei den Lehrern sehr beliebt».
Der Gehrer fand, mir unterschiebt
das Tagblatt, dass ich simuliere,
dieweil ich hier ins Leere stiere.
Er sprach dann müde, welch ein Stuss
und fasste alsbald den Entschluss,
dass er das Blatt auf alle Fälle
abbestelle.

Der Appenzeller Gusti Haller
war bis vor kurzem noch St. Galler
und dort seit vielen Jahren tätig.
Jüngst wurde er mit Elsi rätig,
ins Appenzellerland zu zügeln,
wenn nicht aus Liebe zu den Hügeln,
so doch des Steuerfusses willen.
Der Gusti dachte sich im stillen,
nun komme der Finanzausgleich
und Ausserrhoden werde reich,
worauf man dank Finanzgeschenke
dort sicher bald die Steuern senke.
So zogen Hallers denn aufs Land,
wo man es sehr idyllisch fand
und morgens froh die Fahne hisste,
obwohl der Gust den Stamm vermisste
und Elsi die Lyceumsdamen.
Wenn sie das Gaiserbähnli nahmen,
sprach Gusti fortan jedes Mal,
im Grunde sei es ein Skandal,
dass diese Stadt kein Geld aufrühre,
damit die Bahn im Tunnel führe;
und nahmen sie den eignen Wagen,
so gab's das Bauamt zu beklagen,
das beim Riethüsli ewig baute,
was den Verkehr so wirksam staute,
dass Gust zu spät zum Stamm gelangte.
Als er per Leserbrief verlangte,
man möge endlich daran denken,
den Stadttheaterpreis zu senken
für die Bevölkerung vom Land
und für den Wunsch kein Echo fand,
sprach er am Stamm, es sei ein Hohn,
die Stadt behandle die Region,
die doch so heimelig und prächtig,
niederträchtig.

Ein Appenzeller namens Berger
war im Beruf verfolgt von Ärger
und hatte auch Familiensorgen.
Er fand deshalb am Sonntagmorgen,
wenn er schon Kirchensteuern zahle,
vermöchte eine klerikale
Verkündigung ihn aufzurichten,
doch klappte dieser Plan mitnichten,
weil seines Dorfes Pfarrperson
samt allen Pfarrern in Pension
heut andernorts verkündeten.
Ob diesem Umstand mündeten
die Pläne Bergers im Entschluss,
dass er zwecks Bibelwortgenuss
zur Stadt sich wende mit der Bahn.
Er kam am Gaiserbahnhof an,
sah einen Kirchenturm im Westen,
doch hielt man Berger dort zum besten,
da «Sister Act» am Kirchtor stand;
die Kirche war scheint's in der Hand
von Winterthurer Investoren.
Noch gab sich Berger nicht verloren,
man steht ja nicht auf einem Bein,
es fiel ihm Katharinen ein,
wo er den Kreuzgang einst besuchte.
Wer wundert sich, dass Berger fluchte,
als er vor Katharinen stand
und an der Tür die Tafel fand:
«Verkauft an Bankhaus Wegelin».
Um nicht ganz trostlos abzuziehn,
erwarb er mangels Predigt-Kick
am Bohl noch einen Sonntagsblick,
den er sich zu Gemüte führte
mit allem Ernst, der ihm gebührte,
und wo er las, das Parlament
bejahe nunmehr vehement,
weil der Bedarf sich dafür häufe,
Sonntagsverkäufe.

Der Appenzeller Meier 3
tat Dienst im Korps der Polizei.
Ein wahrer Hüne von Gestalt,
der höhern Orts als sauber galt,
war er schon bald einmal Gefreiter
mit Chancen für die Stufenleiter.
Vor kurzem sprach sein Kommandant,
die Lage sei so angespannt,
dass er den Meier 3 bestimme,
als Mann mit Blick für Korn und Kimme,
für eine schwierige Mission.
Er raunte dann im Flüsterton,
dass kriminelle Süppleinkocher
sich gegen den Justizchef Blocher
in aller Heimlichkeit verschwörten
und so des Landes Ordnung störten,
weshalb es Meier 3 obliege,
dass man die üblen Burschen kriege.
Der Meier 3 war sehr geehrt.
Drei Tage still in sich gekehrt,
ging er am vierten auf das Ganze,
nahm aus dem Depot eine Wanze
und schob sie in den Büroboden
beim Ständerat von Ausserrhoden,
was fahndungstechnisch wenig brachte,
weil Altherr derzeit Ferien machte.
Das bremste Meier 3 mitnichten.
Er schritt, um Wanzen einzurichten,
getarnt als Mann von TV Steiner,
bis zu Frau Nationalrat Kleiner,
und wanzte unter ihrem Bette,
doch schnarchten Kleiners um die Wette,
und mehr war wirklich nicht zu hören.
Wer könnte sonst noch sich verschwören?

Des Meiers 3 Recherchen spannten
den Bogen über Asylanten
bis tief hinein nach EU-Brüssel,
war dort wohl der Verschwörungs-Schlüssel?
Man war aufs Resultat gespannt,
doch Blocher war dort unbekannt.
Am Schluss vom Kommandant befragt,
sprach Meier 3 etwas verzagt,
das Fahndungsbild sei undurchsichtig.
Da hielt sein Chef es dann für richtig,
der Meier 3 verbleibe weiter
Gefreiter.

Ein Appenzeller namens Schittli
besprach mit seinem lieben Grittli
jeweils am ersten Tag im Jahre,
wohin man in die Ferien fahre.
Nun hatten sie zur Weihnachtszeit
im Fernseh-Polsterstuhl zu zweit
die Sendung «Traumschiff» angeschaut,
wo Offiziere, wohlgebaut,
selbst Frauen, welche nicht mehr heurig,
im Tango schwingen und zwar feurig,
wo alte Herrn mit kühnen Taten
den Damen, die in Not geraten,
an Leib und Seele Trost zufügen,
und wo man auf den Landausflügen

an Palmenstränden hingestreckt,
den Hummersaft vom Finger leckt,
dieweil das Auge froh sich weidet
an Schwarzen, die mit Schurz bekleidet
und oben frei im Tanz sich wiegen,
sich bald mit ihrem Speer bekriegen,
bald auch sich haschen oder jagen
und Frohmut, den sie in sich tragen,
mit solchen rituellen Reigen
auf ganz naive Weise zeigen.
Von dieser Sendung aufgewühlt
und virtuell schon meerumspült,
sprach Schittli, als man Ferien plante,
was seiner Gritt schon freudig schwante:
Wir reisen, um uns fortzubilden,
mit einem Kreuzschiff zu den Wilden.
Auf dass er Grittli überrasche,
nahm er Prospekte aus der Tasche
mit schickem Volk auf Kreuzschiffplanken
und Sonnen, die im Meer versanken.
Fast sturm von allen Angeboten,
entkorkte Schittli einen Roten
und sprach zu Grittli, liebe Muus,
wir reisen mit der Silver Cruise
noch diesen Sommer, Anfang Juli,
nach Bali, Timor und Patschuli.
Manch Leser wird nun darauf plangen,
wie es den Schittlis wohl ergangen,
doch davon weiss des Schreibers Kuli
erst im Juli.

Ein Appenzeller namens Dörig
war nicht dem schnellen Gelde hörig
und sparte fleissig für das Alter.
Vor Jahren riet sein Bankverwalter,
sich ein paar Aktien zu erwerben,
das freue einmal seine Erben,
und kaufe Dörig Säntisbahn,
so freue er sich auch daran,
weil jeder der zur GV reise,
hoch auf dem Säntis gratis speise.
So wurde Dörig Aktionär,
und es kam nicht von ungefähr,
dass er nun Indizes studierte,
wobei es ihn doch oft frustrierte,
dass sich sein Titel kaum bewegte,
obwohl die Börse aufwärts fegte.
Dann kam ein Telefon aus Zug,
wo ihn ein Doktor oec. befrug,
wieviel er mit den Aktien mache,
für Kenner sei es keine Sache,
die Benchmarkwerte zu verdoppeln,
es gelte nur sich abzukoppeln
von unserm müden Kontinent,
Europa sei längst dekadent,
nur Asien habe Potenzial,
zweistellig sei die Wachstumszahl.
Wenn Dörig sich etwas beeile,
so gäbe es noch Fondsanteile,
ein Aktienkorb gefüllt zu Dritteln
mit ganz sublimen Chinatiteln
der Spielzeugfirma Bleyanstrycha,
der Kleidergruppe Dioxycha
sowie des Bergwerks Sclavaputra,
gemanagt von Herrn Kamasutra,
der ein Garant für Kursgewinne,
ein Narr, wer sich da noch besinne!

Nun nahm das Schicksal seinen Lauf,
zunächst der Säntisbahnverkauf,
dann auf Kredit die Fondsanteile,
ein Kursgewinn für eine Weile
und schliesslich Pekings Börsensturz.
Man ahnt den Schluss, er lautet kurz:
Als alles Volk zum Säntis schwebte
und dort Hans Höhener erlebte,
der frohe Umsatzkunde brachte,
die der Versammlung Freude machte,
worauf man trank, und zwar gehörig,
da musste derweil unser Dörig
von unten nach dem Säntis linsen
und zinsen.

Ein Appenzeller namens Gmünder
erklärte stets, es sei gesünder
sich niemals ernsthaft aufzuregen,
doch was sich die Parteistrategen
an gegenseitigem Gekeifer
gestatteten im Wahlkampfeifer,
das brachte Gmünders Blut zum Kochen.
Kaum war er aus dem Bett gekrochen
und sah durchs Fenster halb im Schlafe,
erregte er sich ob der Schafe,
die per Plakat in Nachbars Wiese
aus ihrem heilen Paradiese
ein andersartiges verdrängten.
In Gmünders Morgenärger mengten
sich wenig später Scham und Zorn,
denn schon beim ersten Kreisel vorn,
sah er das grausige Plakat,
wo einem AKW sich naht
zwecks nuklearen Gaus ein Flieger.
Sind unsre Linken kalte Krieger,
sprach er und spürte Brechreiz kommen.
Am Radio hiess es dann verschwommen,
dass die Verschwörungstheorie
erweitert wurde und gedieh,
was Gmünders letzten Nerv zerstörte,
ganz gleich, wer sich mit wem verschwörte.
Er las dann gar noch von Krawallen,
die scheint's zum Nutzen und Gefallen
der Rechten seien oder Linken.
Der Wahlkampf fing ihm an zu stinken.
Wenn dieser solche Blüten treibe,
fand er, das Beste sei, er bleibe
am Wahltag still bei sich zu Hause:
Stimmrechtspause.

Ein Appenzeller namens Faller
war sehr gespannt, ob die St. Galler
tatsächlich Toni Brunner wählten.
Wenn Vorfeldanalysen zählten,
so nahm man an, es sei geritzt,
dass Toni bald im Stöckli sitzt,
und jedes Meinungsinstitut
fand Forster/David brauchten Mut,
um überhaupt noch anzutreten,
dem Duo helfe nur noch Beten
und sicher nicht ein paar Marroni,
zum Bodigen des flotten Toni.
Der letzte Zweifel Fallers schwand,
als er aus Langeweile fand,
er könnte Tele Ostschweiz schaucn.
Man sah daselbst drei schräge Frauen,
die an der Esoterikmesse,
teilhaftig manch okkulter Spässe,
Jasskarten aus dem Haufen zwickten,
von diesen in die Zukunft blickten
und aus der Kartenfolge schlossen,
der Bueb sei oben auf den Sprossen,
und das bedeute eines nur,
der erste Sieger sei ein Puur.
Als denn der Wahltermin vorbei
und Brunner mit der Nummer drei
für dies Mal wirklich nicht der Knaller,
da sagte der verdutzte Faller,
die ganze Meinungsforschermeute,
Prognostiker und Umfragsleute,
die habe es nun bös erwischt,
denn was man uns hier aufgetischt,
sei Hafenchäs und saurer Most,
jo bigoscht.

Ein Appenzeller namens Mettler
war zwar kein grosser Internetler,
doch pflegte er sich einzuklicken,
um aus dem Netz herauszupicken,
was ihm an Wissenswertem fehlte.
Seit allerjüngster Zeit beseelte
ihn sehr der Wunsch nach einer Tracht.
Das Internet ward aufgemacht,
die Google-Seite aufgeschlagen,
«Tracht» in das Suchfeld eingetragen,
und Google sagte Mettler schnell,
dass Sennen aus ganz Appenzell
zu Manfred Rohner-Paky laufen,
um dort ihr Trachten-Häss zu kaufen.
Tags drauf stand er in Rohners Laden.
Man mass ihm Schenkel, Bauch und Waden,
denn gelbe Hosen müssen spannen.
Verglichen mit den Älplermannen,
fand Rohner, sei der Käufer schmächtig,
der Trachtenanblick mittelprächtig,
und er erlaubte sich die Frage,
wann Mettler dieses Kostüm trage,
die Alpfahrt sei erst nächstes Jahr.
Da sagte Mettler, das sei wahr,
doch habe er jetzt ein Mandat
als Mitglied im Verwaltungsrat
der AG Fussballclub St. Gallen,
und bei den Meetings sei es allen
in einer Tracht ganz einfach wöhler,
wegen Oehler.

Ein Appenzeller namens Kern
nahm nach Besprechungen in Bern
den Retourzug um kurz vor vier,
der platzte aus den Nähten schier,
drum löste Kern, der gut bei Kasse,
für diese Fahrt die erste Klasse,
mit Laptopfach und Telefon.
Es war am Ende der Session,
die letzte Sitzung war vorbei,
und mit dem Zug fuhr allerlei
an National- und Ständeräten,
die nicht zuletzt dank der Diäten
vergnügt ins Wochenende reisten.
Es unterhielten sich die meisten
mit Scherz und Witz und Plauderei,
doch waren auch ein paar dabei,
die düster in die Gegend blickten,
Passanten in die Waden zwickten,
mit dem Gepäck den Gang versperrten
und Andere am Kittel zerrten.
Kern sagte sich, als Mann der Tat,
ich frage meinen Ständerat,
den man von seinem Foto kennt
als unsern Mann im Parlament,
und der dort froh im Sessel hockt,
weshalb ein Teil der Räte bockt.
Die Auskunft machte alles klar,
es übte diese finstre Schar
auf strenge Order der Fraktion
Opposition.

Ein Appenzeller namens Stüdli
sprach, liebes Kind, du frierst ans Füdli,
wenn deine Jeans am Knochen hängen
und Wülste aus den Hosen drängen.
Sie sagte, Vater, machst du Witze,
man soll doch schliesslich, wenn ich sitze,
ein Stück vom Rücken-Tattoo sehen,
worauf die meisten Jungen stehen,
und dass ich Nabelpiercings stecke,
bringt nichts, wenn ich den Bauch verdecke,
mein lieber Paps, du bist verstaubt!
Der Vater schüttelte sein Haupt,
und Mama rief, dass man sich schäme.
Der Vater fand dann, Zorn und Häme,
geschweige denn ein Flügelstutzen
sei in der Sache nicht von Nutzen.
Das Klima werde nicht mehr kälter,
die Tochter aber langsam älter,
und auch die Mode könne wechseln.
Dem Autor scheint beim Versedrechseln,
wenn auch manch Laie sich entsetzte,
so spräche doch der hinterletzte
Familientherapie-Berater:
Kluger Vater.

Ein Appenzeller namens Hug
war aufgeschlossen, jung und klug,
weshalb er eines Sonntags fand,
ich gehe statt hinaus aufs Land
ins Kunstmuseum in die Stadt,
das neue Kunst zu bieten hat.
Daselbst fiel Hug fast aus den Socken.
Im Eingang lag ein Betonbrocken,
im ersten Saal auf einer Platte
ein Hundekot in gelber Watte,
dann war ein Video zu sehen
mit einem Fräulein in den Wehen
und einem Mann der onanierte,
dieweil er in die Linse stierte.
Hug fand, mein Kunstsinn ist zu schlicht,
er fasst des Werkes Tiefe nicht,
ich fühle mich total verloren
und brauche einen Kuratoren.
Ein solcher kam und sprach gewandt,
das Werk sei lyrisch abundant
und synästhetisch monochrom.
Tachistisch werde hier ein Strom
von virtuellen Luminosen
durch haptische Metamorphosen
mit Biomorphischem verzahnt.
Hug sprach, das habe er geahnt,
der Künstler sei gewiss nicht ohne,
doch gehe er jetzt in die Krone
und nehme dort statt Virtuelles
noch ein Helles.

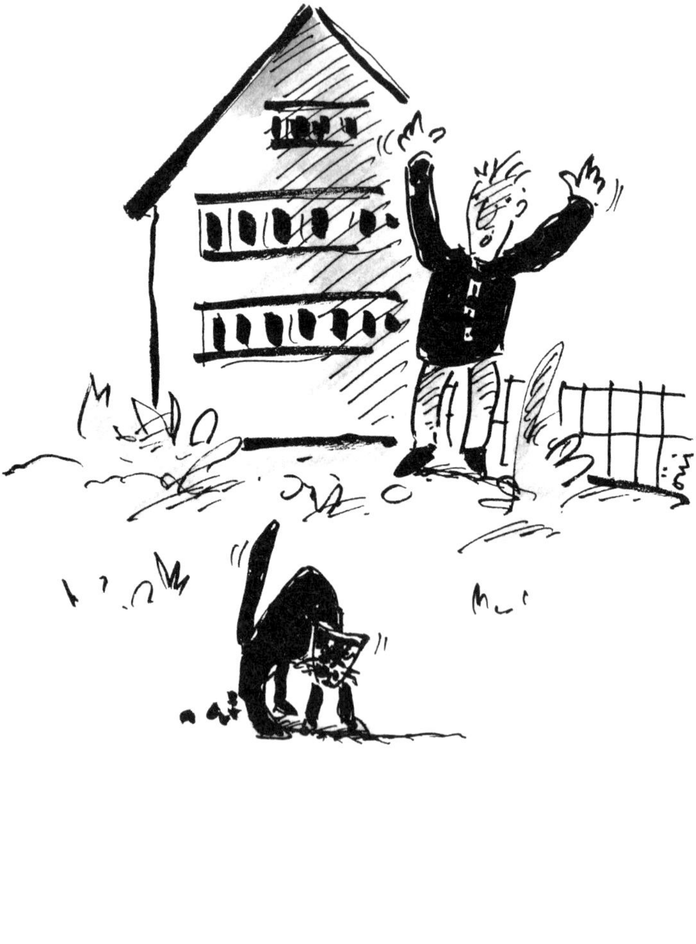

Ein Appenzeller namens Roth
war nicht ein Freund von Katzenkot,
und sah er Schmiedes Schnurrlihex
in seinem Garten unterwegs,
wo Schnurrli erst die Erde netzte
und dann daselbst zwei Böllchen setzte,
so rief er zornig Cheibe Chatz,
sprang eilends auf den Gartenplatz
und warf, was halb verscharrt dort lag,
den Schmieds gleich über ihren Hag,
worüber Schmieds sich nicht erregten,
weil sie den Garten eh nicht pflegten,
ein Umstand übrigens, der Roth
im Sommer Grund für Ärger bot,
denn mancher Wind trug Unkrautsamen,
die klar aus Schmiedes Garten kamen,
zu Roth aufs frisch geharkte Kies.
Roth fand es auch besonders mies,
dass man im Herbst bei Schmieds nicht laubte.
Kein Wunder, dass der Roth ertaubte,
wenn das gewohnte Hudelwetter
von Schmieds Platanen dürre Blätter
auf seinen frischen Kiesplatz trieb,
allwo das Laub dann liegen blieb.
Roth sprach, bei solcher Nachbarschaft
muss selbst ein Mensch der tugendhaft,
sich ernsthaft wehren und entschied,
er wolle seine Nachbarn Schmied,
damit sie für ihr Treiben büssen,
nicht mehr grüssen.

Ein Appenzeller namens Streuli
besass nebst Geissen, Huhn und Säuli
und einer Milchkuh namens Bless
auch Aktien von der UBS,
dem Bunde sei dafür gedankt.
Ob ächt die stolze Grossbank wankt,
so fragte er beim Znacht sein Käthi.
Wie Wasser aus dem Loch der Pfätti
fliesst Geld aus unserm Depot ab,
die Aktien gelten heut noch knapp
die Hälfte ihres Einstandswerts,
und selbst Finanzminister Merz
verzieht am Bildschirm sein Gesicht.
Das Käthi sagte, sorg Dich nicht
und hüte Dich davor, zu hadern,
die UBS bezahlt den Kadern
noch Milliarden Boni aus,
und ein geschwächtes Bankenhaus
vermag nicht eine solche Gage.
Der Mann kam nun erst recht in Rage
und sprach erzürnt, die Bankenbosse
sind trotz Verlusten hoch zu Rosse,
verschachern unsre Bank an Saudis,
kassieren Boni wie die Rowdies,
die Risk-Kontrolle gleicht dem Lotto,
und bis ganz oben gilt das Motto,
zwecks optimalem Kaderschutz:
Uns **B**leibt **S**tutz.

Ein Appenzeller namens Neff
ging ahnungslos zur Zeit des WEF
ins Prättigau und nach Davos.
Bereits am See war recht viel los,
der letzte Parkplatz überstellt,
in einem Fiberglasdachzelt
das ganze Angebot von Audi
und auf dem Eis ein Riesengaudi,
weil Audi Schleudertests betrieb.
Noch während Neff die Augen rieb,
vernahm er fernher Rotatoren,
darauf das Dröhnen von Motoren,
und Helis, sieben an der Zahl,
durchknatterten das Alpental,
um auf der Driving Range zu landen,
wo sich schon Off Road Cars befanden,
die Heligäste übernahmen.
Im Dorf sah Neff bepelzte Damen
im Fond von schwarzen Limousinen
und dunkle Herrn mit ernsten Mienen,
die meist in Zwölfzylindern sassen.
Es standen Menschen in den Strassen,
die nicht die Zeit zum Gehen fanden,
vielmehr am Trottoirrande standen
und winkten, bis ein Shuttle stoppte,
der dann zum nächsten Fahrgast hoppte.
Neff kam dann bis vor den Kongress,
die Türhostessen waren kess,
man hörte Gläser und Gelächter.
Er fragte schliesslich einen Wächter,
was heute wohl das Thema sei,
der Mann rief seinen Chef herbei,
der sagte kurz, zu Neffs Verdutz,
Klimaschutz.